AF227042

SOUVENIRS INTIMES SUR INGRES.

SOUVENIRS INTIMES

SUR

INGRES,

PAR

M. PROSPER DEBIA,

Membre de la Société des Sciences, Belles-Lettres et Arts
de Tarn-et-Garonne.

MONTAUBAN,

IMPRIMERIE FORESTIÉ NEVEU, RUE DU VIEUX-PALAIS, 23.

—

1868.

SOUVENIRS INTIMES SUR INGRES,

PAR

M. PROSPER DEBIA.

——⋈——

Février 1867.

Après avoir accompli les tristes cérémonies commandées par l'immense deuil auquel prend part la France artistique tout entière, la ville de Montauban se prépare à célébrer dignement l'arrivée du magnifique legs dont l'a gratifié notre illustre compatriote.

Quand elle s'enorgueillit justement de lui avoir donné le jour, qu'il soit permis à l'amitié de mêler les regrets du cœur aux sentiments éveillés chez toutes les nations, parmi les adeptes de l'art, par la nouvelle de la mort du grand artiste, aux convictions si fortes et si persévérantes.

Quoique parti bien jeune de Montauban, où il n'a reparu que rarement et à de longs intervalles, Ingres a toujours manifesté un attachement sincère pour son pays natal; attachement qui grandissait, qui s'idéalisait à distance, quand les circonstances s'opposaient à ce qu'il vînt y terminer ses jours, rêve chéri qui s'évanouissait devant les réalités de sa vie d'artiste! Mais combien étaient vives, combien affectueuses, les relations que sa belle âme se complaisait à entretenir avec ceux de ses compatriotes qui avaient appris à reconnaître son mérite, et qui savaient surtout apprécier les qualités aimantes de sa nature expansive !

Une occasion mémorable avait cimenté notre amitié. C'est à la suite de sa dernière apparition à Montauban, lorsque, après avoir apporté son superbe tableau du *Vœu de Louis XIII*, il fut rentré à Paris.

Une exposition des ouvrages des peintres vivants était annoncée pour l'année suivante (1827); je m'étais proposé d'y assister. L'ouverture du salon ayant été considérablement retardée, j'arrivai trop tôt à Paris, et mon séjour y fut bien plus prolongé que je ne l'avais prévu. Mais aussi quel précieux dédommagement m'était réservé !

On décorait, au Louvre, une galerie destinée à recevoir les antiquités recueillies dans les ruines des cités ensevelies sous les cendres du Vésuve. Les artistes chargés d'exécuter des œuvres importantes, principalement au plafond de cette galerie, dite galerie Charles X, sollicitèrent le retard apporté à l'ouverture du salon. Ils alléguèrent qu'ils ne pourraient participer à l'exposition par aucun grand ouvrage, tout leur temps étant pris par les plafonds, tandis qu'en retardant le salon de quelques mois, et en ouvrant la nouvelle galerie au public pendant l'exposition, les peintures qu'ils exécutaient feraient nécessairement partie de cette exhibition et en composeraient même la partie la plus remarquable.

Il y eut donc un engagement pris de terminer à une époque fixe les ouvrages, dans les divers compartiments dévolus aux champions de l'art qui se préparaient à lutter à outrance dans cette lice ouverte à leurs talents, et, quoique à contre-cœur, Ingres dut souscrire à cet engagement.

Mon illustre ami n'avait jamais aimé d'être ainsi limité par le temps. Il se trouvait d'autant plus embarrassé qu'il avait à peine arrêté le trait sur la toile : seulement il avait fait un grand nombre d'études préparatoires, tracées la plupart au crayon, sur papier, pour lui servir d'indication.

Dans cette situation périlleuse, forcé d'engager sans délai une lutte suprême d'où dépendait le triomphe d'une réputation encore contestée, Ingres dut se soustraire à ces longues hésitations dont son esprit avait contracté l'habitude sous l'influence des critiques outrageantes adressées à ses talents hors ligne, trop longtemps méconnus.

Pour surmonter cet obstacle importun, les encouragements de l'amitié ne furent peut-être pas tout à fait inutiles, et j'ose ajouter qu'ils ne lui firent pas défaut. Mais si, dans l'exécution rapide de ce chef-d'œuvre et sur l'invitation amicale du maître, mon faible pinceau a quelquefois été assez heureux pour se poser sur la toile à côté du sien, c'est là un honneur dont le souvenir ne s'effacera jamais de ma mémoire, sans m'aveugler, toutefois, sur le titre de collaborateur que, dans un moment d'indulgente effusion, le grand artiste voulait bien m'attribuer. Néanmoins, cette sorte de participation servit de base à l'intimité, dès lors inaltérable, qui s'établit entre ce grand réformateur de l'école et l'ami dévoué qui était resté à ses côtés jusqu'à ce que le tableau terminé eût été mis en place au grand jour de l'ouverture de la galerie Charles X.

L'impression de stupéfaction silencieusement admirative que produisit ce tableau parmi les artistes appelés à rivaliser de talent pour décorer cette galerie, fut profonde quoique diverse. Plusieurs, en effet, recevaient une sévère leçon. Quant au public, il ne comprit pas dès l'abord cette noble et simple composition de l'*Apothéose d'Homère*, où le génie d'Ingres avait mis tout le sérieux et toute la conscience de sa pensée. L'exécution arrêtée, ferme mais large, sobre, sans détails superflus, contrastait étrangement avec le fracas de lignes et de couleurs qu'un bon nombre de ses rivaux avaient adopté pour éblouir la foule. Peu de semaines suffirent pour que l'opinion fît retour sur ses impressions premières; un succès d'estime fut accordé à cette peinture, classée aujourd'hui parmi les chefs-d'œuvre de l'art moderne, et la plus belle qu'ait produit Ingres.

Je quittai notre artiste, heureux d'avoir accompli son œuvre en si peu de temps, et se disposant à entreprendre un tableau religieux pour la ville d'Autun. Il s'entourait de documents relatifs au martyre de saint Symphorien, car il voulait suivre scrupuleusement les données de la légende, et malheureusement l'ordonnance pittoresque s'opposait à ce qu'il s'y conformât trop strictement; aussi j'appris bientôt qu'il était retombé dans les angoisses de l'irrésolution, cette fâcheuse disposition de caractère qui l'a empêché de produire une foule d'ouvrages que sa facilité d'exécution semblait nous promettre.

Le temps s'écoulait, et son silence prolongé prouvait que la période des hésitations durait encore.

Enfin, je reçus une lettre amicalement mais chaleureusement provoquée. — Je la crois de nature à faire connaître l'homme. C'est, quant à sa manière de vivre, une sorte de portrait écrit par l'artiste lui-même. Mais il ne dit pas, du reste, un mot du tableau. J'en puis donner un extrait. Elle est du 28 janvier 1829 (¹).

Ingres commence par avouer qu'il est presque honteux de sa négligence; puis il ajoute : « Heureusement que j'ai eu le « bonheur de vous posséder assez longtemps pour que vous con- « naissiez en même temps et mes sentiments à votre égard, et « ma manière de vivre, qui est devenue encore, s'il est possible,

---

(¹) Cette lettre et les suivantes n'étaient évidemment pas destinées à la publicité, mais j'ai cru devoir en conserver le caractère intime et l'allure primesautière.

« plus insupportable sous le rapport des mille et un soins étran-
« gers à mon atelier. C'est vous dire que je ne travaille pas
« autant que je le voudrais, et cette situation fâcheuse et rui-
« neuse pour mon art et mes intérêts, me rend l'homme le plus
« malheureux de tout Paris, ce que vous concevrez facilement,
« vous qui savez combien j'aime mon art, et avec quelle passion.
« .....J'ai commencé par faire mon apologie en *meâ culpâ*.....
« mais je sens que ce n'est pas assez, surtout à l'égard d'un
« pareil ami.... Je n'oublierai jamais de ma vie les véritables
« services qu'il m'a rendus, la grâce et le dévouement de
« son cœur, et enfin les délicieux moments que nous avons
« passés dans des jours..... plus qu'agités et si pressés, où nos
« opinions toujours en harmonie et nos causeries d'art nous
« ont affermis dans des principes que nous croyons profitables et
« vrais à jamais.....

« Le terrain que vous avez quitté est encore devenu plus âpre,
« s'il est possible..... Tout se perd ici. On dirait d'un corps
« humain qui se glace et s'éteint. L'oubli total viendra ensuite,
« suivi de l'industrialisme, aidé bientôt du : Qu'est ce que cela
« prouve?.... Et alors....!

« Je ne veux cependant pas dire que les sciences ne soient
« utiles, de première nécessité. *Mais vivre sans les arts !*.... Ne
« sont-ils pas profitables aux mœurs, à la morale, sans parler
« du degré de gloire où ils peuvent élever une nation ?

« Il n'en est pas moins vrai qu'aujourd'hui, même à Paris,
« il n'y a que les ouvrages corrompus et les Tabarins artistes
« dont on s'occupe, et encore.... Quant à ceux qui ont quelque
« solidité, quelques restes de principes, on n'en veut plus; et
« moi, je place à grand'peine mes tableaux, quoique, par je ne
« sais quel respect humain, on n'en dise que bien et honneur.

« Cependant, cher ami, je ne perds ni le courage ni le goût
« de mon art, et sans trop penser à ce triste avenir, j'irai jus-

« ques au bout pour mon seul plaisir. Ainsi donc, évertuons-
« nous à faire mieux que jamais, soyons encore plus châtiés,
« plus purs, s'il est possible, car c'est d'abord pour nous que
« nous peignons....

«   .   .   .   .   »

On le voit, il n'y a rien encore de relatif à son tableau, et
un an s'écoule sans que nous en sachions davantage.

Enfin, dans sa réponse à une lettre où je lui annonçais la mort
de la mère de son ami Gilibert, Ingres, après avoir exprimé la
part qu'il prend à cette douleur, me parle de sa position et de
l'état de l'art à cette époque. Voici un extrait de cette lettre,
datée du 5 février 1830 :

« ..... Vous savez que je suis professeur de l'école avec cent
« louis. C'est là que se bornent toutes mes ambitions de bien-
« être, mais non pas celle de devenir toujours meilleur dans mon
« art. Aussi je n'épargne aucun soin, mais je vais peu vite, il
« est vrai, parce que je reconnais tous les jours, par expérience,
« que ce que je fais vite est toujours rempli de fautes..... Puis
« disons aussi, et à plus forte raison, comme Zeuxis : Mon ou-
« vrage vivra d'autant que j'ai mis du temps à le faire.

« Ceci n'est point raison de paresseux, car je ne le suis pas,
« mais bonne raison; pesez-la bien. Mon *jeune saint* devrait être
« déjà terminé; beaucoup de ceci et de cela ne l'ont pas voulu;
« mais il le sera bientôt, j'espère, et peut-être d'une manière
« assez remarquable. Savez-vous que c'est un ouvrage bien
« considérable ? Au reste, le peu de gens éclairés qui l'ont vu
« en ont été sensiblement frappés, ce qui me donne beaucoup
« de cœur à poursuivre. Que ne puis-je, cher ami, vous compter
« parmi eux, vous dont je fais tant de cas pour le goût sûr et
« si bien identifié avec le mien ! .   .   .   .

« ..... J'ai jugé à propos, dans votre intérêt, d'exposer tour à
« tour vos deux tableaux au musée Colbert, rue Vivienne, en

« compagnie de mon *Œdipe*, qui y figure par la seule volonté de
« son propriétaire, car il y a monstrueuse anomalie, vu que c'est
« un repaire romantique encore plus extravagant que jamais.
« Cependant, mon ouvrage fait un cruel procès à tout ce ramas
« et attire, j'ose le dire, toutes les nobles admirations. J'ai
« remis cet ouvrage dans un bel état; on va le lithographier.....

« ..... Je suis dans l'intimité avec Baillot : jugez de mon bon-
« heur ! je ne me dérange plus que pour la divine musique de
« Mozart, Chérubini, Gluk, Haydn..... On dirait que ces chefs-
« d'œuvre rajeunissent et redoublent de beauté.

« . . . . »

Le tableau ne fut terminé qu'en 1855 (¹).

Cette œuvre, du style le plus élevé, lancée en plein salon
comme un défi adressé aux doctrines hasardées qui se dispu-
taient les faveurs de la vogue, eut à subir, en attirant tous les
regards, l'épreuve des critiques les plus acerbes. Cependant,
malgré de malveillantes attaques, le *Saint-Symphorien*, dignement apprécié par les émulateurs du grand art, accrut et scella
la réputation de l'auteur de l'*Apothéose d'Homère*.

Ce succès était bien fait pour le dédommager et le réjouir.
Il s'en félicitait hautement, remerciait ses appréciateurs de leur
admiration, et cet échange réciproque d'éloges, commenté par
ses détracteurs, leur a fait dire qu'il était d'éponge pour la
louange.

Il est vrai qu'exclusif comme tout réformateur, Ingres était

(¹) Il serait sans intérêt de poursuivre ces souvenirs intimes pendant la
période de troubles historiquement célèbre par les explosions de trois
révolutions politiques. Ingres se tenait à l'écart des commotions populaires
et, retranché dans son atelier, il assistait, affligé mais inactif, aux mémo-
rables épisodes des luttes sanglantes qui se succédèrent dans la capitale.
Mais il n'en continuait pas moins ses luttes engagées dans le domaine de
l'art.

entièrement convaincu de l'excellence de ses principes, et il se trouvait heureux qu'on les applaudit en lui. Mais, d'ailleurs, il écoutait avec reconnaissance les observations consciencieuses et bienveillantes de ses amis: il les pesait et savait y avoir égard.

Un sentiment contraire a été reproché au réformateur : c'est, à l'égard de la critique, une susceptibilité nerveuse, exagérée. Ce sentiment s'explique aussi naturellement que son acquiescement aux éloges mérités, en considérant qu'il était surexcité par les sarcasmes d'une presse railleuse. Ingres pouvait-il, absolu comme il l'était, souffrir stoïquement qu'on bafouât ses doctrines lorsqu'il les mettait en pratique dans ses magnifiques ouvrages?

Cédant à l'irritation provoquée par d'injustes critiques, il quitta volontiers Paris pour aller diriger l'école française des beaux-arts à Rome. Mais Rome n'offrait plus à ses doctrines rénovatrices (¹) un terrain assez favorable. Il avait à cœur de combattre les idées dominantes à Paris, et son absence les encourageait. C'est donc à Paris qu'était le vrai champ de bataille, et, le terme de sa direction arrivé, il se hâta d'y rentrer pour engager des discussions d'école qu'il soutenait avec toute la passion que le fanatisme eût pu susciter dans des querelles religieuses.

Un bien douloureux évènement vint détourner le cours de ses pensées et le frapper au cœur.

Il perdit la compagne assidue qui partagea et soutint avec courage, pendant de longues années, les pénibles épreuves de sa vie. Cette femme excellente, si digne de ses regrets, s'était, par un dévouement sans bornes, rendue, pour ainsi parler, inhérente à l'existence de son mari.

Habitué qu'il était à ce qu'on s'occupât, sans qu'il s'en doutât,

---

(¹) Ses adversaires les appelaient rétrogrades.

de mille soins journaliers dont il était l'objet, Ingres s'aperçut avec effroi que *la moitié de sa vie* était véritablement au tombeau, et l'isolement auquel il se trouvait ainsi condamné donnait de sérieuses craintes à ses amis de Paris. On doit donc féliciter ces clairvoyants amis d'être parvenus à faire réussir un nouveau mariage, qui fit revivre pour lui les soins dévoués dont il se trouvait privé. Aussi Ingres, se confiant à la nouvelle protectrice du foyer domestique et dégagé de soins importuns, redevint assez libre d'esprit pour se livrer encore à sa passion pour les arts.

Plusieurs voyages que je fis à Paris et les visites de mon frère et de mes enfants, si bien accueillis par leur affectueux compatriote, m'avaient instruit de ces particularités et suppléaient aux lettres d'Ingres qui furent rares. Il n'aimait guère à écrire; mais l'exposition de peinture, qui s'ouvrit à Montauban lors du concours régional en 1862, l'obligea à mettre plusieurs fois la main à la plume. Quant à moi, je lui adressai, à cette époque, la lettre suivante, provoquée par la nouvelle de sa promotion au Sénat :

Montauban, 30 mai 1862.

Cher Ingres,

Malgré la lassitude qui me retient pendant le répit de vives douleurs, je ne puis résister au plaisir de vous dire combien je félicite et le pays et l'art de l'honorable distinction qui vous élève à la dignité de sénateur.

C'est dans un moment où ma famille et moi nous étions réunis dans notre Musée avec l'ami Cambon (¹) et placés en face de votre admirable tableau du *Vœu de Louis XIII*, dont le jour le

---

(¹) M. Armand Cambon, élève de M. Ingres, et plus tard un de ses exécuteurs testamentaires.

plus favorable permettait de contempler toutes les perfections, qu'on est venu annoncer cette grande nouvelle, propagée instantanément parmi la belle société de visiteurs ravis qu'attire journellement votre exceptionnelle exhibition.

Que ne pouviez-vous être témoin de cette joie unanime, qu'aucun sentiment jaloux ne pouvait troubler dans notre cité, glorieuse de vous compter comme son plus illustre enfant !

Je vous ai dit déjà que j'avais été souffrant; cela m'a pris au milieu du travail considérable qu'a occasionné l'exposition artistique dont Montauban a lieu d'être fier, et les soins d'arrangement ont été dès lors presqu'entièrement dévolus à M. Cambon, qui s'en est acquitté avec un zèle et une activité tout à fait méritoires. Je sais qu'il vous a instruit avec détail de la situation donnée à vos nombreux ouvrages, et je ne vous en parlerai pas. N'est-il pas superflu de dire que notre sollicitude s'est surtout appliquée à les mettre dans le jour le plus avantageux? Nous croyons y avoir réussi, et nulle part peut-être ils n'ont été si bien placés. Mais ce que je ne saurais vous taire, cher ami, c'est que je n'ai pu voir sans une vive émotion, sans attendrissement, ce portrait d'une ressemblance si prodigieuse, si vivant, mais qui ne cherche point à dissimuler l'influence que le temps exerce à la longue sur l'organisme le plus robuste. même alors que le talent et l'intelligence semblent le braver..... Ce chef-d'œuvre nous restera-t-il ? En cela nous n'avons pas le droit de transformer nos désirs en espérances, et nous nous bornons à les exprimer. Si j'ai parlé de votre portrait avant de mentionner l'étonnante toile qui lui sert de pendant, c'est, vous le devinez sans doute, parce que le cœur m'inspirait d'abord, mais appréciée comme œuvre d'art, je dois vous dire que l'exécution du portrait de Mme Ingres, loin d'accuser une main affaiblie, dénote l'artiste dans toute la force, la grâce et la verdeur de son talent.

Je me laisserais aller à décrire, à apprécier un à un chacun de vos ouvrages si variés et dont l'ensemble produit une si légitime sensation, mais une pensée m'attriste et m'arrête. Hélas ! cette belle collection va bientôt se disséminer ! Cependant pour nous, du moins, un souvenir restera toujours. Chacun de ses fragments épars nous rappellera cette exceptionnelle réunion de chefs-d'œuvre du maître que ses amis et ses compatriotes étaient parvenus à collectionner religieusement pour les exposer, comme dans un sanctuaire, à l'admiration publique.

J'ai lu avec un bien vif intérêt les articles des journaux sur votre dernier tableau, que j'avais vu commencé dès longtemps et qui se montrait furtivement comme pour vous faire un reproche de le laisser inachevé. M. Delécluze, dans les *Débats*, semble l'avoir le mieux apprécié, parce qu'il a, je crois, le sentiment du vrai beau, alors que la plupart des écrivains, dispensateurs de réputations éphémères, sectaires de systèmes préconçus adoptés sans discernement, travaillent à leur insu à la décadence de l'art.

Vous aurez, sans doute, remarqué dans l'article des *Débats* une réflexion dont la justesse m'a frappé et que j'ai retenue :

« Certes, dit-il, il y a peu de vrais connaisseurs en fait d'art,
« mais les curieux les plus à redouter sont les gens *blasés*. C'est
« pour eux qu'en peinture on exagère les mouvements, l'expres-
« sion et la couleur; que dans les lettres, les passions sont
« poussées jusqu'à la démence ou présentées avec des raffine-
« ments qui masquent ce qu'elles ont de vicieux; qu'en musique,
« au chant on a substitué les cris. »

Rien n'est malheureusement plus réel, et les fausses doctrines artistiques sont élevées au rang des progrès par les inconséquences de la mode, ce capricieux despote. Par elle, il suffit de se mouvoir, fût-ce en arrière, pour prouver qu'on est en vie, et la manifestation de la vie est l'élément essentiel du progrès. Les morts seuls ne peuvent progresser.

Ce qui est vivant, cher Ingres, c'est, chez moi et tous les miens, les sentiments d'affection, d'estime et d'amitié que vous nous connaissez. Ceci n'est ni rétrograde ni progressiste : c'est immuable comme tout ce qui est parfait.....

Croyez-moi pour la vie tout à vous, etc.

Le tableau dont il est question dans la dernière page de ma lettre, que je n'avais vu qu'inachevé, mais dont j'avais admiré la belle ordonnance, fait partie et partie principale de notre magnifique legs. C'est une de ses œuvres capitales : *Jésus devant les docteurs.*

Mme Ingres fut chargée de m'accuser réception de ma lettre, ce qu'elle fit on ne peut plus gracieusement. Nonobstant cette réponse, Ingres, quoiqu'il n'aimât guère à écrire, comme nous l'avons dit, voulut aussi répondre lui-même. Voici sa lettre. Je la crois bonne à être reproduite presque en entier.

« Meung-sur-Loire, 9 août 1862.

« CHER AMI,

« J'ai tenu à vous remercier moi-même de votre précieux
« souvenir de vieille amitié et du tendre et honorable intérêt
« que vous avez bien voulu prendre à moi, à ma nouvelle posi-
« tion, au sujet de laquelle j'ose dire que tout le monde (c'est
« presque à la lettre) m'a donné des preuves de la plus flatteuse
« sympathie ! Mais comme je suis doublement heureux de
« compter, parmi ces sympathies, en premier lieu celle d'amis tels
« que vous, de M. votre frère, de mes chers compatriotes de
« Montauban, mon pays enfin, que j'aime si tendrement..... Les
« joies qui me viennent de vous tous me consolent en partie de
« mes grands regrets de ne pouvoir recevoir, au milieu de vous,

« de ces marques d'amitié si touchantes et si sincères dont j'ai
« gardé le plus vif et le plus tendre souvenir !

    « Que de temps passé depuis ! que de choses, que d'évène-
« ments ! moi toujours sur la brèche à combattre, — tandis que
« vous obéissez à vos goûts sédentaires, philosophiques, que je
« comprends, sans pouvoir les partager..... Heureux qui sait
« apprécier ainsi les beautés de la nature, la paix, l'isolement ;
« le goût et la poésie de l'art que vous conservez toujours, ses
« beaux souvenirs, et cette divine musique dont Dieu nous a
« donné l'intelligence, et les chefs-d'œuvre de la littérature anti-
« que et moderne qui m'occupent encore le matin et le soir ;
« cette divine antiquité des Grecs, cette Renaissance, ce Raphaël
« et ce XVe siècle, voilà ce qui fait vivre, n'est-ce pas ?.... Mais,
« cher ami, nous sommes bien vieux, cassés !.... Je me plais
« à croire pourtant que vous êtes à peu près comme moi, et je
« le désire, car je n'ai pas d'infirmités sérieuses, et je n'ai que
« la maladie de mon âge, âge sérieux cependant : 82 ans au
« mois de septembre prochain.

    « J'y pense peu, surtout la palette à la main, dans mon ate-
« lier, où je suis plus heureux, certainement plus que si j'étais
« roi..... Je ne peux cependant plus vous aller voir, mes bons
« amis ! je me remue difficilement ; vous avez plus de force peut-
« être que moi ; venez donc nous voir. Vous ferez bien plaisir
« à Mme Ingres et à tous nos amis. Là, à la table du vieux ami,
« nous continuerons notre conversation où l'amitié et les arts
« auront belle part.

    « Et puisqu'il faut finir ce gribouillage où vous devinerez
« toute mon amitié et tous mes vœux pour votre chère famille
« et pour tout ce qui peut vous toucher,.... que je vous embrasse
« de tout mon cœur, cher et digne ami.

       « Tout à vous, votre ami de cœur,

               « INGRES. »

« *P. S.* — N'oubliez pas ma prière de venir nous voir; ce
« serait un beau jour pour moi. Par cette bonne venue, vous
« me représenteriez la tendre amitié et le pays natal, que j'ado-
« rerai tant que je vivrai. »

On le voit, la constance de ses dogmes artistiques se révèle ici
dans sa primesautière et chaleureuse expression. Il en est de
même de ses sentiments à l'égard de ses amis, et surtout de
son cher pays, *qu'il adorera tant qu'il vivra*, dit-il; et à ce sujet,
rappelons que lors de son dernier voyage à Montauban, Ingres
parlait avec une naïve émotion des moindres souvenirs de son
enfance ([1]).

Depuis cette bonne lettre, j'ai reçu plusieurs fois des marques
flatteuses de sa bienveillante amitié. Ainsi il m'envoya, comme
carte de visite, une épreuve de l'*Age d'or*, avec cette suscription :
Visite amicale de Ingres à son vieil ami. Il me sembla, cette fois,
qu'une simple lettre de remerciement ne suffisait pas. D'ailleurs,
j'avais aussi à lui témoigner mon adhésion à sa brochure sur la
dislocation de l'école des beaux-arts et mes pénibles impressions sur la mort prématurée de son élève chéri, Hippolyte
Flandrin, ce jeune peintre si regretté par tous les amis de l'art,
et dont les obsèques eurent lieu à Paris vers cette époque.

Pour suffire à ces cordiales et poétiques obligations, j'appelai
à mon aide les inspirations de l'antique muse, et je me permis
d'accorder droit d'asile à quelques vieilles réminiscences mytho-
logiques, excusables peut-être sous la forme surannée mais encore
vivace du sonnet.

([1]) Ici trouveraient leur place quelques anecdotes qui témoignent de
l'attachement du célèbre artiste pour son pays natal, mais qui sont peut-
être trop puériles et dont j'ai dû supprimer le récit.

SONNET.

A INGRES.

Ta sentence flétrit une école infidèle,
Maître illustre, vrai juge élu par Apollon;
Toi, dont l'art s'inspirant dans le double vallon,
A reçu du génie une empreinte immortelle.

En rêvant d'âge d'or, de jeunesse éternelle,
Tu gravis vers le Pinde un suprême échelon,
Et de l'hiver de l'âge écartant l'aquilon,
Un chaud rayon d'été sur ton front étincelle.

Ah! quand nous contemplons tes rêves fécondés,
Le triomphe de l'art, par toi, n'est plus un rêve :
Mais tes vœux seront-ils, désormais, secondés?

Apaisons des regrets trop justement fondés !
Si la mort te ravit un digne et cher élève,
Son œuvre reste, ami, nous dirons : Regardez !

Montauban, 1ᵉʳ mai 1864.

Une nouvelle marque d'attention délicate de mon illustre ami
était venue plus récemment me rendre encore son obligé. J'avais
reçu une épreuve de la reproduction de l'*Apothéose d'Homère*,
avec cette trop flatteuse suscription :

> *Ingres à son ami et collaborateur de l'œuvre,*
> *M. Prosper Debia.*

Hélas! au moment où je lui adressais (1ᵉʳ janvier 1867), avec le témoignage de ma gratitude pour un tel souvenir, les restrictions consciencieuses que j'ai déjà cru devoir mettre à la qualification de collaborateur; quand j'essayais d'exprimer les pensées qui ont inspiré le grand artiste dans la reproduction de l'*Apothéose d'Homère*, et qui font de ce dessin la solennelle affirmation de ses doctrines immuables, je ne présumais pas que déjà sévissait l'implacable maladie qui l'a, en si peu de jours, enlevé à l'affection de ses amis.

En présence de ce douloureux évènement, si funeste au point de vue de l'art, combien devenait froid, insuffisant l'étalage de ces préceptes didactiques alignés en sentences que je m'étais complu à polir classiquement pour les adresser, comme compliment de jour de l'an, à mon illustre ami ! Qu'espérer de ces louangeuses approbations désormais sans objet et qui allaient se perdre, s'enfouir dans le silence de la tombe ?

Vivement affecté, cependant, par les sentiments de reconnaissante admiration qu'éprouvaient ses concitoyens en apprenant l'importance de ses libéralités envers sa ville natale, je ne pus m'astreindre au silence, et je cédai à l'entraînante abondance du cœur ; j'essayai de célébrer le grand citoyen en même temps que le grand artiste. Je croyais remplir un devoir suprême en achevant d'accomplir ainsi à son heure une tâche obligatoire restée incomplète.

Mais lorsque après plus d'un an il s'est agi de revoir cet essai, pour l'insérer dans une œuvre collective en risquant de rendre, pour ainsi parler, notre Société responsable de la faiblesse de l'exécution, j'ai dû reculer devant une responsabilité qui ne retombait pas uniquement sur moi et retirer ma péroraison poétique.

Malheureusement cette mesure n'a pas été complète, et j'ai eu le tort de livrer des fragments qui sont loin de rendre ma pensée, et qui l'ont en quelque sorte mutilée.

Je dois donc à mon illustre ami de donner ici, à mes risques et périls, cette manifestation dans sa primitive intégrité, comme l'expression franche et sincère de mes sentiments intimes au point de vue de l'amitié et de l'amour de l'art, de l'art tel qu'Ingres le concevait, et tel qu'il immortalise ce grand peintre dans le monde artistique, en dépit des rivalités jalouses impuissantes à s'élever par leur propre mérite au niveau transcendant qu'Ingres a su conquérir. Il y est arrivé par une persévérante ténacité et la conviction de l'excellence de la route qu'il avait retrouvée et où les plus grands génies avaient laissé leurs traces.

Voilà ce qu'entreprit l'ami dont Ingres a, en quelque sorte, sanctionné les droits et provoqué le devoir dans sa lettre du 5 février 1830, p. 10 de cette notice, — car il est vrai que *mon goût s'était identifié avec le sien.*

A INGRES.

Du temple qu'on érige à la gloire d'Homère
Ne livre le parvis qu'aux vrais adorateurs
Du Dieu qu'ont révélé ses chants inspirateurs,
Et qui, vieillard, aveugle, erra dans la misère.

Interprète jaloux du mystique mystère,
D'une esthétique étrange éconduis les prôneurs.
L'antique amour du beau, seul, a droit aux honneurs
De l'immortalité que ton pinceau confère.

Ainsi l'école obtint un triomphe éclatant.....
Hélas! le fol attrait du caprice inconstant
Bientôt dans la tourmente égare l'art rebelle.

Quand ta main, du salut, reproduit le signal,
Ton pauvre aide inhabile, impuissant mais fidèle,
Conjure par ses vœux un naufrage fatal.

1er janvier 1837.

LA MORT D'INGRES.

Vœux stériles ! vaine espérance,
L'art éprouve un trouble confus,
Précurseur de sa décadence !
Quel glas sinistre !.... Ingres n'est plus.
Il n'est plus l'apôtre sincère
Du culte défaillant d'Homère,
Il meurt..... épris du beau réel,
Idéal de la Renaissance,
Mystique amour qu'avec constance
Son âme voue à Raphaël !

Déplorons la mortelle atteinte
Qui, frappant Ingres, blesse l'art,
Et, laissant s'exhaler la plainte
Que l'ami soupire à l'écart,
Disons qu'en sa morne inertie
Le mourant encor balbutie
Des vœux chers au pays natal;
Qu'enfin, lorsque l'homme succombe,
Un grand souvenir d'outre-tombe
Echappe au sépulcre fatal.

L'artiste est citoyen du monde :
Heureux germe éclos parmi nous :
Sur nous est-ce à tort qu'il se fonde
En nous déléguant entre tous
Pour garder, feuilles précieuses,
Tant d'études laborieuses
Où du grand art priment les lois ?
Ah ! qu'un noble orgueil s'en empare,
Et, possesseurs d'un legs si rare,
D'Ingres légitimons le choix.

Un asile avait su lui plaire, —
Par l'illustre peintre envié
Ce sympathique sanctuaire
A son génie est dédié.
Ses travaux y cherchent leurs places.
Accueillons-en les moindres traces
Dans l'inestimable trésor,
Leur inspiration furtive
Y retient de l'âme expansive
La pensée au multiple essor.

Franchissant la crise mortelle,
Leur mission ne finit pas,
Ingres l'adresse à notre zèle
Qu'éveille l'airain du trépas.
Qu'une sévère vigilance
Réprime la folle arrogance
De ses détracteurs envieux ;
Et l'avenir trompant l'audace
D'une vaniteuse menace
Grandira son nom glorieux.

L'idéal que le vrai dirige,
Double idole d'un même autel,
Accorde son double prestige
Au crayon qu'il rend immortel.
Si dans l'école qu'il domine,
Ingres, fidèle à sa doctrine,
S'abstient d'irréfléchis élans,
L'étude s'éclaire à la flamme
Que l'art fait resplendir dans l'âme,
Luminaire des vrais talents.

O Montauban qui l'as vu naître !
Reçois, près de l'humble berceau,
L'œuvre que l'on vit apparaître
Sous l'octogénaire pinceau !
Devant cette offrande dernière,
Bienheureuse cité, sois fière
Du fils dont le sort te dota !
Grand peintre, c'est peu qu'on le prône,
Et l'effigie attend le trône
Que, grand exemple, il mérita.

De l'oubli le souffle rapide
Peut bien effacer, sans effort,
Au Sénat, l'incident d'un vide
Dans les attardés de la mort.
Mais l'artiste illustra la France;
Immortalisons la constance
De ses hautes convictions !
Et fécondons son héritage
En perpétuant d'âge en âge
D'infaillibles traditions.

Ingres ! lorsque, vains de ta gloire,
Nous t'érigeons un monument,
Que le respect pour ta mémoire
En soit le durable ciment.....
Ecoutez-donc, jeunesse ardente :
D'une vocation puissante
Si vous ressentez l'aiguillon,
Sous l'éclat de sa renommée
Que l'école soit affirmée;
Suivez son rigide sillon !

MONUMENT A LA MÉMOIRE D'INGRES.

Quelques mois après que cette notice eut été communiquée à la Société des Beaux-Arts, l'autorité municipale, s'associant aux manifestations du vœu populaire qui réclamait l'érection d'un monument destiné à perpétuer la reconnaissance des Montalbanais envers leur illustre concitoyen, réunit un certain nombre de personnes qu'elle considérait comme propres à faire réussir une souscription pour se procurer les fonds nécessaires. En outre, pour accélérer le travail, une sous-commission eut à s'occuper de la partie artistique de l'entreprise (¹), et s'empressa de décider que l'on mettrait au concours l'exécution d'une statue d'Ingres.

Mais après cette rapide décision, un long temps s'écoula sans qu'il fût question de réunir la commission générale dont j'avais

(¹) Je ne faisais pas partie de ce comité, auquel l'assemblée délégua tous ses pouvoirs, et je ne puis être responsable de ses décisions.

l'honneur de faire partie, et j'appris seulement par la voix publique qu'elle travaillait en secret à rédiger le programme du concours, mais que des dissidences sérieuses s'étaient produites dans son sein à l'occasion de cette pièce importante.

Voyant que le temps s'écoulait sans amener une solution, et sans qu'il me fût loisible de faire entendre des avis officieux, je profitai d'une occasion que m'offrait la réunion mensuelle de la Société des sciences, belles-lettres et arts pour formuler mon opinion et engager cette association à prendre un rôle dans cette sorte de collision, bien convaincu que, soit par les similitudes, soit par les divergences, l'exposé des opinions sincères pouvait offrir des avantages pour atteindre, avant l'adoption du projet définitif, le but identique de rendre le monument digne à la fois de la ville qui l'érige et de l'artiste qu'il s'agit d'honorer.

Sur ces entrefaites, la commission municipale fut enfin convoquée. Je pus demander officiellement la parole. Mon opinion a été insérée en partie dans le procès-verbal de la séance du 15 janvier 1868 ; je la donne ici plus complète.

Monsieur Beulé, dans sa juste appréciation de la personnalité de notre célèbre compatriote, a dit :

« Il faut avoir compulsé les dessins innombrables que contiennent les portefeuilles légués à la ville de Montauban, pour concevoir quelle recherche infatigable du vrai, quelle abondance d'études, quelles tortures loyales d'une âme qui poursuit la beauté entrevue, avaient précédé l'achèvement du moindre tableau. Il est à jamais regrettable que ces admirables exemples de sincérité soient enfouis dans une ville éloignée ; c'était sous les yeux de la jeunesse de l'École des Beaux-Arts, entre ses mains, qu'ils devaient rester pour lui apprendre ce que c'est que l'honnêteté dans l'art, pour lui prouver que la conscience et le labeur sont une loi, même pour le génie, et qu'on ne mérite le nom de créateur qu'à force de perfection. »

Cet éloge bien mérité renferme en même temps un blâme : Ces admirables exemples.... sont enfouis, dit-il. Hélas ! mes regrets, quoiqu'à titre différent, se joignent à ceux de l'honorable secrétaire perpétuel en songeant qu'un an s'écoule sans qu'on puisse encore exposer, même aux yeux des jeunes gens de la localité doués de quelques instincts de vocation artistique, ces richesses si libéralement et si gratuitement prodiguées à une ville qui, nous devons l'avouer, n'eut pas de titres suffisants à l'*adoration* que lui vouait l'illustre artiste (¹).

Remplissons avec d'autant plus de zèle envers le donateur les devoirs exigés par la reconnaissance ; réalisons son rêve en créant une école montalbanaise effective !

Cette école, il est vrai, existe nominalement depuis longtemps, mais elle est restée à l'état de germe, pour ainsi dire, et il serait urgent d'en presser la réorganisation telle que M. Cambon en a tracé le plan, et de profiter d'une époque où cette utile institution trouve dans le chef de l'autorité municipale un protecteur aussi éclairé que bienveillant, et qui se montre désireux de prouver que ces *admirables exemples de sincérité* qu'offrent les cartons de M. Ingres, quoique *relégués dans une ville éloignée de la capitale*, ne sont pas *enfouis* comme on semble le craindre.

« La France, dit M. Beulé en terminant son bel éloge d'Ingres, porte un deuil qu'elle gardera longtemps, et dont chaque jour lui fera mieux comprendre la gravité, car elle a perdu, nonseulement un grand artiste, mais un grand caractère et un grand exemple. »

Ces vérités, aussi bien senties qu'heureusement exprimées,

____

(¹) *Le pays natal que j'adorerai tant que je vivrai.* (Lettre d'Ingres à son ami, Prosper Debia, 9 août 1862.)

mériteraient seules une manifestation durable de l'opinion des Montalbanais, fiers à bon droit de compter Ingres comme leur plus illustre compatriote ; mais il ne suffit pas seulement d'honorer le grand peintre, l'illustre compatriote, il s'agit encore et surtout de consacrer l'action particulière par laquelle il fait participer Montauban à sa gloire, il a voulu y associer son pays pour l'illustrer à jamais. Ne démentons pas son espérance. En dehors des témoignages d'admiration et de regrets manifestés par la France artistique tout entière, il existe donc pour Montauban une condition, un devoir absolu qu'il faut satisfaire d'abord envers Ingres, et qui doit caractériser le monument que vont lui ériger ses concitoyens.

Puisque la mesure du concours est maintenant un fait irrévocable, sans prétendre m'immiscer dans l'exécution des projets que les concurrents vont élaborer, il me paraît utile, indispensable même, de publier une sorte de programme qui mette en relief l'idée qu'il s'agit d'exprimer. L'œuvre d'art, à mes yeux, doit être la consécration d'un trait historique déterminé, qui le rende aussi vénérable pour la postérité qu'il est cher à ses contemporains.

Voici quel serait le programme du concours :

Ingres éprouvant les symptômes avant-coureurs de la mort, conserve encore son vêtement ordinaire de peintre, la simple blouse du travailleur persévérant. Le manteau de sénateur, l'habit de l'Institut se drapent au hasard et au goût du sculpteur et se groupent avec le trône antique, transformation du siége sur lequel l'artiste, accablé de lassitude, vient se reposer en méditant son travail. Sa main gauche tient encore la palette, et sa droite des pinceaux. Il offre ces symboles à la ville de Montauban comme dernier souvenir. Son regard attendri se tourne vers elle : à ses pieds est un livre ouvert, l'évangile de saint Lúc,

ch. ii, v. 7 et 8. Quelques volumes çà et là montrent leurs titres : c'est Homère, Dante, Virgile, etc. La ville de Montauban,
debout à côté du trône, se penche vers le moribond, soutient d'un
geste affectueux son bras défaillant, et raffermit sur sa tête la
couronne d'or que lui décerna une souscription populaire.

D'autres détails pourraient encore caractériser la vérité historique traduite poétiquement, mais simplement, à la manière
d'Ingres. Son violon ne saurait être oublié sur un vaste socle où
les œuvres de Mozart, de Gluck, de Beethoven trouveraient
utilement leur place à côté de Raphaël, de Michel Ange,
Poussin, etc. (¹). Pour ceux qui ont eu l'insigne bonheur de
fréquenter, de connaître intimément Ingres, leur souvenir le
plus précieux résiderait-il dans la réminiscence des dehors
incorrects d'une forme énergique qu'accentuaient, qu'altéraient
journellement des habitudes militantes exagérées (²) ?

Non, Messieurs, pour eux, Ingres est l'affable, l'affectueux
ami, l'artiste convaincu, à la conscience inflexible, dont les
éminentes qualités se révélaient dans les épanchements de relations familières où la sympathie cordiale s'alliait à la conformité
des convictions artistiques. C'est dans ces moments précieux où
Ingres se montrait à découvert, c'est dans le négligé de l'atelier,
dans le moment où il parle de *son cher pays natal* qu'il s'agit de
le représenter (³).

(¹) .... Et cette musique, cette divine musique dont Dieu nous a donné
l'intelligence, et les chefs-d'œuvre de la littérature antique et moderne qui
m'occupent encore le matin et le soir, cette divine antiquité des Grecs! cette
Renaissance, ce Raphaël et ce XVᵉ siècle, voilà ce qui fait vivre ; n'est-
ce pas ? Mais, cher ami, nous sommes bien vieux, cassés.... (Lettre d'Ingres
à son ami, Prosper Debia, 10 août 1862.)

(²) .... Toujours sur la brèche à combattre... (Lettre déjà citée d'Ingres
à son ami, Prosper Debia.)

(³) Par cette bonne venue, vous me représenteriez la tendre amitié et le
pays natal, que j'adorerai tant que je vivrai. (Même lettre.)

C'est lui que demande à posséder *le pays natal* au lieu d'un Ingres officiel, posant isolé dans l'apparât d'une représentation théâtrale.

Mais, diront quelques-uns de mes auditeurs, la majorité, l'unanimité peut-être, — votre projet de monument ne va-t-il pas doubler la dépense présumée ? Songez que le chiffre de nos fonds étant limité, nous ne saurions faire autre chose que la modeste statue d'Ingres.

Ne croyez pas, Messieurs, que la perspective d'un travail matériel plus considérable effraie un véritable artiste. Il en est encore, soyez en convaincus, qui sont dignes d'apprécier l'honneur qui doit rejaillir sur celui qui exécutera le monument. Je me refuse à croire que tous soient des ouvriers absolument mercenaires.

L'artiste véritable n'est-il pas heureux d'avoir une idée grande, noble pour mobile ; au lieu d'être astreint à ciseler le marbre pour en extraire une effigie étrange qui, plus elle serait sincère, plus elle éveillerait l'esprit inné de raillerie d'une foule ignorante, et provoquerait les insultes d'une tourbe d'enfants indisciplinés, ne se sentirait-il pas mieux inspiré par un groupe méditatif imposant l'estime et le respect ? La pensée domine la matière.

Ah ! s'il existe un sculpteur qui possède le sentiment élevé de l'art, tel qu'il fut le partage privilégié d'Ingres ; s'il existe un cœur d'artiste qui puisse comprendre la chaleureuse expansion d'amour du célèbre peintre envers sa ville natale ; s'il sait se pénétrer de cette pensée féconde, la rendre sienne, il pourra, en conservant la sévère ressemblance du modèle, donner à ses traits, à son attitude cette beauté idéale dont s'ennoblit le physique le plus ingrat quand l'âme est noblement inspirée.

Cet artiste, qu'un pressentiment me révèle, ce n'est point l'appât de quelques milliers de francs, ou l'épargne de quelques journées de travail qui décideront son choix pour l'exécution d'une œuvre qui devra l'immortaliser sous l'immortel patronage d'Ingres.

Maintenant, Messieurs, parlerai-je du choix de la matière qui doit recevoir l'effigie, et du lieu où l'on érigera le monument ?

Quoique je n'attache à ces questions qu'une importance secondaire, j'avoue qu'elles méritent une sérieuse attention. Et d'abord si le monument doit être situé dans un emplacement spacieux ou privé d'abri suffisant, nul doute qu'il faut renoncer à la flatterie passagère du fragile marbre, et les articles publiés par notre collègue Cambon ont démontré surabondamment l'absolue nécessité d'adopter le sévère et durable bronze.

Mais si, après avoir reconnu cette première nécessité, nous nous arrêtons devant les diverses stations que l'on a successivement désignées pour recevoir *la statue*, nous n'en trouvons pas une qui puisse réunir l'assentiment général.

Et d'abord, le terrain qui présente le plus de régularité, la promenade dite des Carmes, a une destination spéciale. C'est là que se rassemblent ces nombreux petits théâtres populaires, les manèges tournants des chevaux de bois, les ménageries d'animaux plus ou moins rares et curieux, les cirques, etc., etc.; la foule s'y presse sans appréhension autour de centaines de baraques; elle y jouit de la plus entière sécurité à l'abri du passage des voitures. Renonçons à cet emplacement de premier choix ; gravissons les marches qui conduisent au Plateau.

Ici le champ est libre : un horizon immense se découvre. Certes, pour un groupe en bronze c'est une belle position ; quel fond admirable !... Passez plus loin, s'écrie l'essaim des sémillants éphèbes et des beautés élégantes, — cet emplacement déjà si restreint, peut-on songer à le restreindre encore ?...

Qu'on se garde, Messieurs, d'irriter cette charmante catégorie d'adversaires; songez que ces gracieux despotes sont sans pitié pour ceux qui froissent leurs goûts, leurs habitudes, et si le conseil municipal osait porter la moindre atteinte à leurs droits acquis, on ne manquerait pas de crier haro sur — nos honorables édiles.

Banni du Plateau , le monument viendra-t-il s'installer au beau milieu de la rue entre le faubourg et la porte du Moustier ? mais la voie publique en serait incommodément déviée et une autre catégorie de plaignants élèvera des réclamations plus brutales et mieux fondées peut-être.

Enfin le monument, poursuivant sa laborieuse odyssée, tentera-t-il de stationner timidement entre le Cercle du commerce et l'hôtel Lacaze ? Mais peut-il accepter ce réduit où d'aucun côté ne se rencontre un fond susceptible de le faire valoir ?

Ah ! poursuis encore , poursuis ta course, malheureuse effigie ! échappe aux méandres incompris des acacias, et frémis à l'aspect de cet espace informe qu'on appelle la place de la Préfecture et qui ne peut offrir de station convenable, en dépit des squarres officieux qui essaieraient en vain d'en déguiser les choquantes irrégularités.

Lassé de cette série de déceptions, je me suis demandé quelle position aurait choisie Ingres s'il avait pu être appelé à la désigner lui-même ? — Ah ! Messieurs, je crois connaître assez ses penchants pour assurer qu'au lieu de chercher de vastes horizons ou des réduits informes il se serait trouvé heureux, en entrant dans la cour de la Mairie, de voir s'édifier un portique peu saillant en avant de la grande salle ; l'œuvre artistique s'élevant avec majesté sur ce piédestal sévère , décorerait admirablement notre principal édifice et annoncerait dignement le Musée et l'école des beaux arts. Voilà le domaine où le maître souverain doit régner

désormais. Qu'il en prenne possession : c'est la ville qui le lui
concède.....

J'ai désigné la cour de la Mairie, parce que c'est dans cet édifice qu'Ingres rêvait son installation posthume, et c'est là qu'on
la prépare en effet.

Sans doute s'il se fut agi d'ériger une statue à un personnage
historique mémorable à un autre titre, si l'on devait consacrer par
un monument la défense héroïque de notre cité, il est un piédestal tout indiqué pour recevoir l'effigie du grand citoyen Dupuis.
C'est le dernier vestige des fortifications, le sommet crénelé de
la tour restée debout sur les berges du ruisseau Lagarrigue.
Mais à coup sûr ce lieu serait mal choisi pour Ingres, qui n'avait
d'héroïsme que contre le mauvais goût. Ce serait à la fois un
anachronisme et un contre-sens. Et je comprends qu'on ne s'y
soit pas arrêté.

Il n'en est pas ainsi de la place que je propose à la Mairie. Le
choix est artistique et rationnel, j'en dirai autant à l'égard du
groupe qu'il faut substituer à la simple statue.

Le *Courrier de Tarn-et-Garonne*, du 23 janvier, a publié le
fragment le plus essentiel de cette communication dans la partie
imprimée du procès-verbal de la séance du 15 janvier, mais il
n'a pas publié la suite du procès-verbal de cette séance, où fut
discuté le programme que la majorité de l'assemblée adopta à la
place du mien, en témoignant toutefois le regret de ne pouvoir le
modifier conformément à mes vues.

Mais il était trop tard, on avait pris des engagements.

On s'est borné dans le programme officiel à demander aux
concurrents une statue d'Ingres dont on fixe les dimensions,
selon qu'elle sera assise ou debout, mais sans rien stipuler sur
la pose, le costume, l'action quelconque du patient, — « j'allais

presque dire de la *victime*, » et ce n'est certes pas sans motifs que cette expression m'échapperait.

Je trouve en effet, dans le *Courrier de Tarn-et-Garonne* du 4 juillet dernier, l'article suivant extrait du *Bulletin de Paris* et que notre journal insère à titre de renseignement :

« Un concours a été ouvert il y a déjà quelque temps pour élever une statue à M. Ingres sur l'une des places publiques de la ville de Montauban. Ce concours doit être jugé par l'Académie des Beaux-Arts, et, mardi dernier, dans une des salles du palais de l'Institut, on pouvait voir près d'une cinquantaine de modèles rangés les uns à côté des autres et venant de Paris et des départe-ments. C'est un assemblage assez bizarre ; mais il faut reconnaî-tre que la grande difficulté à vaincre dans cette lutte était le sujet. M. Ingres était un artiste éminent, personne ne le con-teste, mais jamais figure et tournure ne furent moins capables d'inspirer le statuaire. Aussi ne voit-on dans la salle du palais de l'Institut qu'une suite de bons hommes d'un aspect aussi peu héroïque que monumental.

« Ici M. Ingres est assis dans un fauteuil : là debout ; tantôt avec son costume de membre de l'Institut, l'épée au côté ; tantôt en bourgeois. Les bizarreries ne manquent pas dans ces modèles. L'un représente le défunt avec une grande blouse qui l'enve-loppe de la tête aux pieds, la blouse qui servait à préserver les vêtements du peintre des tâches d'huile alors qu'il travaillait ; l'autre, une palette dans la main gauche et de la droite armé d'un immense pinceau pour étaler ses couleurs. Celui-ci le pose en soldat prêt à charger l'ennemi ; celui-là se grattant la tête comme pour en faire sortir une pensée. Il y en a un qui a ima-giné de le faire assis devant un vaste portique représentant l'*Apothéose d'Homère* sous forme d'éventail.

« Plus sage que ses rivaux, l'un des concurrents a trouvé le moyen d'éluder la difficulté : mais ne lui objectera-t-on pas que son projet ne répond pas au programme ? Ce programme demande une statue d'Ingres, et il a escamoté la statue. Sur un élégant piédestal il a placé la figure d'un génie artistique aux formes élégantes et correctes couronnant le buste du peintre. Cette idée est heureuse, poétique ; réalisée, elle produirait un bon effet sur une place. Je la voudrais voir adoptée. Le jury sera-t-il de mon avis ; je le souhaite sincèrement, autant dans l'intérêt de la ville de Montauban que par respect pour la mémoire du peintre célèbre auquel on se propose de rendre un hommage solennel. »

Je ne disconviendrai pas que la préférence du *Bulletin de Paris* ne soit motivée; mais le groupe exprimant une action déterminée, mémorable, localement parlant, est bien préférable encore, et le geste, et l'expression facilement compris, rendraient le monument cher et respectable à tous les concitoyens du grand artiste.

Du reste, l'idée du concurrent excentrique n'est pas nouvelle. On peut voir à Paris, place Dauphine, le monument à Desaix qui, sans doute, a servi de type au concurrent. Mieux que le petit modèle, ce monument donne l'idée de ce que serait l'exécution en grand. On peut, en effet, facilement transformer la Victoire en un génie artistique ; mais, comme le dit le *Bulletin de Paris*, la statue est escamotée, et je crois qu'elle peut et doit être conservée sans tomber dans le ridicule, si l'on se conforme au programme que je persiste à proposer, après comme avant l'épreuve du concours.

Je demanderais surtout qu'on nous fît grâce de cette longue gaîne au haut de laquelle on a huché le buste de Desaix, de sorte que le génie de la France a peine à s'exhausser pour placer une couronne massive sur la tête hermès du glorieux vainqueur.

D'ailleurs pourquoi éluder la difficulté de représenter Ingres?

Dans la madone de Foligno, Raphaël, par l'ensemble de sa composition, a su placer au premier plan la figure de Sigismond, et suppléer, par une expression admirable, à la grandeur et à la noblesse que son modèle ne lui offrait pas.

C'est un semblable trait de génie que l'on doit demander à la sculpture monumentale.